AF496806

FEIRA DE POEMAS ACRÓSTICOS FRASES E POESIAS

POR

MARQUES BUENO

Uma obra composta por um compêndio que engloba poemas, acrósticos, frases e poesias, escritas estas durante um tempo onde as palavras pareciam ganhar vida perante os olhos vividos deste escritor.

Certo de que o inserido nestas paginas vindouras é repleto de sinceridade e entrega e um momento oportuno para àqueles que buscam nas palavras algo que faça com que seu dia, suas horas, ou mesmo um momento um tanto diferente, aquele momento de desconexão com o mundo, se torne melhor que o dia anterior.

. Leia um poema, uma frase, um ponto ou uma vírgula apenas e entenda que as palavras ainda continuam sendo a conexão com o divino, com o especial.

Coletânea de trabalho de um poeta longínquo, esperando que os leitores se encontrem por entre algo aqui eternizado.

CONTO I

29 POEMAS

CONTO II

10 ACRÓSTICOS

CONTO III

33 FRASES

CONTO IV

31 POESIAS

"A doença que não tem nome"

saudade...

É aquela que me consome e que faz brotar as lágrimas
quando digo teu nome.

É aquela que me distrai quando estou sereno procurando
saber um pouco mais o que te atrai.

É aquela que ronda a certeza, exalando a pureza e
demonstrando a perfeita destreza.

É aquela que procura ouvir demais a sua natureza,
esquecendo a mais terrível impureza.

É aquela que um dia foi capaz, deixou para trás, ouviu os
receios; desejos secretos daquele rapaz.

É aquela que chega sem medo, não escolhe o dia e muito
menos se preocupa em fazer carinhos em seu sofrimento;
conhecida nossa que chega bem cedo.

O que sei é que a saudade corrói como nada no mundo é
capaz.

"A província"

bucólica...

O lugar de onde venho não remete ao paraíso, venho de
um passado abjeto cor de anil, lugar nada valente,
esperança que ruiu.

O passado exigente foi embora e se partiu; um olhar ávido
e latente fez história se iludiu, junto de seu recado fútil,
insistente.

O pouco conhecimento que possuo não foi capaz de
atropelar meu desconforto, a ferida existente do segredo
rancoroso, enfim tomou outro rumo, ausente.

O legado de ambição que não pedi em testamento, teve
sua desforra desobediente, suplício sem demora, marcas
dolorosas que povoam uma mente decente.

O vínculo da terra com minha gente se perdeu após mais
um singelo luar, vergonha que macula a alma, imagens que
fazem chorar.

O gorjear dos pássaros foi esquecido, urdido; um labirinto
de maledicências, queimados tal qual um galho verde,
estrago duradouro, pedidos de libertação, deprimentes.

O passeio fez aceder o que meus olhos teimavam em não
enxergar, o riacho perdeu a vida, a floresta apenas fotos
ou desenhos feitos a giz, uma lembrança ensaiada, infeliz.

O meu trabalho é oriundo do suor de meus passos, nunca
ultrapasso a fronteira do descontrole, desejei por muito
tempo saber seu nome; infelizmente não descobri, talvez
culpa da fome...

"Aliança"

felicidade...

Poderia divagar horas sobre a forma de falar a respeito
deste símbolo.

União simbólica de quão grande se transformou um
singelo amor.

Respeito acima de qualquer alusão, junção precisa, sem
falhas, castigos que desaparecem ao relento.

Errei ao não pedir tua mão, fui mais além, abençoei nosso
amor preenchendo seu dedo com um anel.

Zombei de todos e ri da supressão que se tornaram as
falas de eras passadas, apenas suspiros em volta do
furacão que arrebata nossa alma e que hoje é o nosso
beijo.

Amor, eu nunca havia percebido a tônica que é esta
palavra, só e apenas você me mostrou o real teor que
acompanha esta tocante palavra, e hoje sou grande graças
a tua risada e o enlace que nossos corpos e almas se
perderam.

"Amanhã não é seu dia"

esperança...

Aproveite cada passo deixado na areia e que a onda do
mar teima em apagar.

Alimente teu sonho com a realização, esqueça o orgulho
desprendido de emoções; os ventos já não são mais
tormentas.

Somos apenas mais um grito ecoando no vazio e o passar
dos dias não será suficiente para nos engrandecer.

Tentamos de maneira contumaz deixar nossos sonhos
para amanhã, varrer a poeira que sempre aparece para
debaixo do tapete; problemas para um dia a mais.

Talvez não tenhamos o charme, deixaremos de ser
elegantes e curtiremos a sombra a nossa volta dançante, o
diário deslumbrante, um tempo que foi embora e deixou a
história distante.

"As diferenças"

amor...

Sem lugar a mesa não queria um jantar a luz de velas,
nunca fui muito eloqüente.

Minha vida é simples, apenas um cigarro de paia, um prato
modesto sacia a fome danada.

Os brilhos, as luzes que ditam sua jornada, ofuscam a
chama do meu lampião aceso.

O brilho da lua norteia a jangada, o pedaço do sol
comprado por ti; desprezível sorriso.

Seu mundo é a vida largada, o meu é a alegria do
simplório canto da cigarra.

Seu carinho é uma folha sem nome, teu apreço
descartável, tortura àqueles dias de entrega insensata.

Meu pequeno vilarejo, nunca te disse nada, os
monumentos à porta de sua casa; degraus pequenos...

"Carta de despedida"

desilusão...

A primavera que exala lá fora, da minha janela inexistia, as flores que colhi pela manhã exalam morte, estranhas sensações de algo que nos agredia.

Nunca fui de aludir minhas conquistas e minhas falhas, não era assim que se vivia; das fechaduras e das portas que passara...nada temia.

Adeus é uma palavra acompanhada de delongas, um sofrimento sem fim, adiamento de algum dia, alimentando a agonia...momento infeliz.

Não deixo nada de herança, sou mera mancha na lembrança, sou o atraso do ponteiro na hora perdida; se for deixar algo, que seja apenas...cicatriz.

"Desafio"

pensamento...

Desafio você a enfrentar seus medos, esquecer a noite mal dormida, as coisas que te desagradam, enfrentar o dia que seu pedido foi um não.

Desafio você a esquecer o motivo de nossas brigas, a esquecer o dia em que me viu sozinho caminhando por aquela rua vazia, chorando perdido.

Desafio você a querer mais, sonhar o impossível, acreditar, deitar de mãos vazias e acordar recheado de magia, bondade; uma ode a cada novo dia.

Desafio você a esperar aquilo que te contagia, não teremos o tempo que já passou, peça o tempo que te resta, aproveite demasiadamente sua vida.

Desafio você a ler a carta daquela despedida, não derramar lágrimas, ser feliz no adeus de outro dia, ter seu momento de paz, espere, viva.

”Ensaio de desculpas”

Astuto rapaz, nunca se achou muito capaz, insincero em
seus pedidos, a labuta não é igual a sua fala manhosa.

Brilhante quando pede algo, possui o dom da adivinhação,
sua faceta é faiscante, seu intento é o desejo mais
insignificante.

Cinismo oculto em uma frágil casca de madeira, tropeços
naquilo que enxerga demais, parodiando a carne humana
sem nenhum constrangimento.

Dadivoso pelos seus interesses, estragos ordeiros,
perigoso enquanto cavalheiro; imaculado brincando de
machucar inocentes, indecoroso quando se colocava a
pensar.

Erudito sem condições de ensinar, luta medonha que só
faz esbravejar, seu altruísmo ficava muito além, pequenos
retalhos, toques aquém.

Fiasco de fato como homem ausente, sua insônia não fora
por escolha notável, perfeito fracasso, nunca será um
orgulho louvável.

Grandiosas foram as tentativas, admirável sua ousadia,
incapaz de pedir desculpas, transfere sua culpa e para
finalizar, nunca alega loucura.

Homenagens para si, festança solitária, seu erro era
incolor, a linha que divide sua vida fora amparada
meramente pela dor.

Indolentes pedidos sangrentos de paz, amordaçado nunca
fora por seus pais, descomedido, contudo com algo na
mente, murmúrios sofríveis, dementes.

Justa foi sua escolha, sofreu à margem, nunca à sombra,
sua vontade fora tenaz, faltava apenas uma coisa; tentar
explicar.

“Esquecimento”

pensamento...

Vou te dar um caminho se pegar minha mão.

Não peço muito, não quero abraço, não quero carinho,
afeto se for um pouquinho, o que quero apenas é você do
meu lado sorrindo.

Não te darei o céu e muito menos todas as riquezas do
mundo, não te darei jóias caras, o meu mundo não é
demais, o que quero é você sempre vindo.

Não quero ser um poeta póstumo, não preciso disto do
mundo, não quero cruzar com minha mente deturpada,
não foi assim meu pedido.

Não resisti ao seu sorriso de menina, meu juízo ora vago,
entregou-se de fato ao insensato, mas belo retrato, talhado
na pedra marcante de meu dia a dia.

Não sou um amante perfeito, sou trapaceiro, tolo,
palhaço, homem encarnado em um corpo doentio, dado
as fraquezas humanas, incertezas insanas, fracassos
bacanas; apenas um homem perdido.

Não procuro a chuva lá fora, não preciso do sol
escondido, não quero algazarra irrisória, nem um
mergulho em um lago vazio.

Não quero seu perfume indo embora, não quero a folha
verde a toa caindo.

Não sei ao certo o que consome, não sei mais ser um
vencedor, não preciso mais de um pedido em seu nome,
não preciso de um apelido tal qual perdedor.

As palavras citadas não são primaveras arranhadas, nem a
liberdade esperada, tampouco a tarde acabada, nem sei o
que esperar destas palavras findadas.

As promessas chegaram; as mentiras também, um orvalho
abafado, aquele perfume de jasmim.

Um jardim abre-te os braços, não tenha medo entre
descalço, alguém espera há muito tempo sentado pelo
abraço esquecido.

"Gostoso é"

felicidade...

...sentir teu suor escorrendo por todo meu corpo sempre que vem anoitecendo.

...saber que estas palavras não existem mais em meu dicionário...abandono e esquecimento.

...dormir com você em meu colo e acordar recebendo teu mais lindo sorriso.

...dizer a mais simples poesia e receber do teu rosto a lágrima emocionada que vem do teu coração.

...tua voz embargada e também a sussurrada, dizendo que eu sou a tua perdição.

...te beijar, te saciar e não cobrar nada, apenas saber que de teu peito verte muito mais do que dedicação.

...não contar as horas, esquecer que o tempo sempre nos observa sorrateiro, os minutos realmente irão passar, mas apenas para engrandecer o nosso amor mais que perfeito.

...dedicar toda minha vitalidade, explorar toda minha simplicidade, te presentear todos os dias com felicidade, andar na cidade sem sequer se importar...o que no mundo vem acontecendo!

"Mais um conto, apenas"

felicidade...

Acordei com o insistente canto dos pássaros, uma
tormenta que sempre agradeço.

Levantei para sentir o aroma de mais um café que todo dia
bebo, vicio gostoso que agradeço.

Trabalhei colhendo as flores, outra vez plantei meu
sustento; quero mais e agradeço.

Almocei a mesma comida de dias atrás, aquele caseiro
macarrão, o frango matado atrás do poleiro; comi demais
e agradeço.

Tirei uma soneca debaixo da velha árvore frondosa, que
frutos dão, cai no sono e pude sonhar um pouco mais, eu
agradeço.

Deixei ir embora os desejos até não vê-los mais, quero
viver do meu aconchego, não pensar, só agradeço.

Outra vez vejo o sol ir descansar uma imagem repetida
que não sai de minha mente o do meu peito; desculpe,
mas agradeço.

Vêm a noite como há dias atrás, oh meu Deus, posso
enfim dormir em paz, pois a este dia; agradeço.

"Mar de devaneios"

pensamento...

Uma alegria me consome tal qual como a qualquer
homem.
Uma alegria me escapa tal qual aquela velha trapaça.

Uma tristeza me contempla tal qual a risada que
desrespeita.
Uma tristeza me tentava, tal qual uma fera enjaulada.

Uma alegria me persegue, tal qual a fala que enaltece.

Uma alegria me transforma tal qual a bela jovem que
espera seu romance agora.

Uma tristeza me causa mal estar, tal qual a fruta estragada
no pomar.

Uma tristeza me respeita, tal qual um silêncio sereno à
beira do mar.

Uma loucura disse sim, do outro lado a realidade mostrou
seu não.

A onda levou meu sonho sim, trazendo a tona outro
sonho em vão.

"Não está tudo bem"

tristeza...

Às vezes por ações involuntárias somos covardes, não
conseguimos olhar nos olhos de quem amamos e dizer
que algo se perdeu.

A fala já não acalenta, o toque deixou de causar arrepio, a
companhia melhor é o vazio pela sala, em tempos atuais o
computador é o melhor amigo teu.

O sorriso precisa ser pedido, o beijo quando vem
espontâneo não mais aquece o corpo, o que dizer então da
alma, penso até que somos seres sem calma, aptos a amar
aquilo que sempre se perdeu.

Os dias sim são iguais, as noites retornam a um passado
ateu, é engraçado questionar e ouvir que não há nada, mas
os atos estes sim não conseguem esconderijo por detrás
da fumaça, resta deixar o tempo seguir sua jornada, já os
tempos de boa florada....isto se esqueceu.

“O ano não terminou”

comemorativa...

O ano terminou e pressinto que falhei; não aquelas falhas
claras, mas acho que não alcancei as metas que sonhei.

Não fui um bom rapaz, entretanto não tirei a vida de
ninguém.

Não fiz minha caridade, mas é certo que não roubei o
sustento de ninguém.

Esperei um ano repleto de sonhos, motivos e batalhas; só
que não me aprontei.

Esperei carinho, afeto e mais nada; isto eu tive e ganhei,
só não recordo se fiz minha parte da lição de casa.

Ironizei aquilo, aquele e toda falha; quando falavam de
mim, fechei a cara e não dei mais risadas.

Ironizei os dias de espera na estrada, só que aos meus pés
de nada reclamei.

Sorte minha que o ano se findava, sorte minha tudo é fácil
esquecer.

Sorte minha ter noção da minha falha, sorte minha ver um
ano novo nascer.

Tenho certeza que para mim este ano não escapa; espero
poder ter a sorte de preencher as lacunas da minha vida
que nos anos velhos eu deixava.

“O brilho do sol”

pensamento...

Resgatou o fio de esperança, a navalha na carne que fora
minha lembrança.

Respeitou um pedido de misericórdia, levando para longe
aquele triste dia de discórdia.

Iluminou o meu orgulho caído, deitado, esquecido,
saciando a fome daquele que um dia andou desiludido.

Floresceu a força que nunca atrapalha, criando braços
valentes dispostos àquela mitológica batalha.

Levou de repente a noite serena, palavras amenas, a lua
que o céu iluminava, deixando uma fala pequena.

Lapidou aquela jóia barata de outrora, dando valor a
pequenos pedriscos, detalhes perdidos; o vento lá fora.

Transformou a nascente por detrás daquelas rochas e hoje
corro livre e desfaço as amarras de meus pensamentos.

"Outros erros"

recordação...

Infringi constantes leis, digo que até com a morte já dancei, talvez um certo alguém posso dizer que já inspirei.

Erros em demasia já me cansei, recuperar um tempo perdido não tentei, recusar com veemência a nostalgia até gostei.

Tudo está errado, nada é heresia, tudo fica no passado, nada é o que se pedia, tudo tem dois lados, nada é a mais pura fantasia.

"Parabenizo"

dedicatória...

...a sua ingratidão,
...o seu sufoco,
...a sua razão,

...o seu martírio,
...a sua farsa,
...o seu firme não,

...a sua cantiga,
...o seu abraço,
...a sua paixão,

...o seu castigo,
...a sua risada,
...o seu vil perdão,

...a sua tristeza,
...o seu caminho,
...a sua decepção.

"Pensamento ou reflexão"

pensamento...

Aquele conceito de outrora largado pelos cantos ainda é
latente e quando pode, sempre faz com que nossa inútil
arrogância ultrapasse a sensatez da tolerância.

A maneira mais clara e explícita de demonstrar o que se
pensa pode ser notada em um simples olhar, o que se
pensa não morre na alma, pode sim ser apreciado em um
mero piscar de olhos, ou mesmo na mais fria negação.

A observância de nossos atos errôneos e de nossos passos
perdidos pode nos mostrar que por detrás dos tropeços,
ainda pode existir algo certo, mesmo fazendo parecer
discrepância.

Aquele necessário momento único e que resvala além da
carne pode sim ser tua expiação, nada deve se tornar
apenas martírio, tampouco tábua de salvação, pensando
ou refletindo o que conta é seguir simplesmente as ordens
do coração.

"Preciso de sua inocência"

amor...

Não quero nada de paixão desenfreada, não preciso disto
para minha cabeça.

Um sorriso destemido, um aceno sem apelos, um rosto
ruborizado, este é apenas meu desejo.

Não espero uma noite ardente e nada mais, quero ser
muito mais que seu companheiro.

Um aperto de mãos para as pernas bambear, um abraço e
o coração em desassossego e um beijo então; acho até que
não preciso nem falar.

Não quero um amor insano, frases de engano, o que peço
é apenas a singela forma de amar.

Um momento que não volta jamais, a inocência ficou com
o tempo, mas sei que seus olhos posso fitar; e a inocência
então eu tenho.

"Renascer ou ressurgir"

pensamento...

Quando as luzes se apagam é o momento certo para repensar o quanto de acertos e os incontáveis erros foram deixados pelo caminho, chega a hora de renascer ou ressurgir com mais juízo.

Uma nova foto, um penteado, um novo ato, um novo destino, tudo isto é almejado, mas nada é de graça, tudo tem seu valioso castigo, não devemos tapar os olhos para a velha jornada, devemos estar atentos ao novo caminho advindo.

Quando os dias ultrapassam a nossa jornada e o tempo se torna perdido, é óbvio perceber que é o fim da história, o que não devemos é lastimar ou amaldiçoar nosso fado, devemos agradecer e assim minimizar o prejuízo.

Uma nova risada, um novo pedido, uma lágrima descompassada, um lago vertido, tudo tem sua simplicidade nada é utópico, apenas é algo mais complicado, mas nunca perdido, a árvore que brota, um passado glorioso de volta, a tudo isto digamos; bem-vindo.

"Simples melancolia"

tristeza...

Arrebatado pelos dias chuvosos, choros na varanda; um
dia já foi assim...

Encharcado pela mórbida tristeza, entregue ao mal; um
dia já foi assim...

Iletrado sem sentimentos, memória falha, soletrando
traços; um dia já foi assim...

Odiento sem distinção, sofrimento saltitante do coração;
um dia já foi assim...

Um olhar sereno, pensar insidioso, rogar duvidoso; um dia
já foi assim...

Abnegação displicente, um desejo vingativo disfarçado,
presente; um dia já foi assim...

Efêmera sensação de paz, alegria pequena demais; um dia
já foi assim...

Indefeso por sua escolha, covardia sem cores; um dia já
foi assim...

Orquestrando sons imaginários, batidas estridentes na
carne; um dia já foi assim...

Ultrajado já foi meu nome; hoje estou livre, não sou mais
assim.

"Singela homenagem"

dedicatória...

O que falar de algo que é para se respirar,
O que dizer de uma cidade que faz mais que encantar,
Seu nascer e seu deitar é a mais pura inspiração,
Sua voz e seu sorriso é a mais bela canção.

I nigualável

T alisma,

A lfabeto

N avegável,

H omenagem

A migável,

E strondoso

M arzipã.

Só consigo elogiar, mas palavras sempre irão faltar,
Boquiaberto sempre está meu coração, quando meus pés
adentram esta terra de emoção.

"Sobre a chuva"

pensamento...

Olho pela janela e ouço a chuva de mansinho molhar a tua
calma, penso e esfrego os olhos, mas a dor continua a
perfurar minha alma.

Olho a minha lapela e vejo que dela a flor foi arrancada,
peço e ouço dela que devo apenas aguardar a derrocada.

Olho a ilusão e a chuva que chega sem marcar hora, tentei
efusivamente e lavei minhas mãos, buscando esconder os
erros de outrora.

Olho o triste fim que leva o pedido de perdão que mata
aos poucos, sei que é desperdício derramar lágrimas
quando agimos como loucos.

Olho a chuva e sua cantoria, estranho choro dos céus com
melodia, infeliz é a alma que pensa demais e deixa de
sonhar em demasia.

"Somente seu"

dedicatória...

Seus olhos não conseguem ver através dos meus sonhos,
mas são eles que abrilhantam o meu caminho.

Seus soluços não conseguem sufocar meu sono, mas são
eles que me fazem te amar com mais carinho.

Seus medos não conseguem amedrontar minha alma, mas
são eles que fazem com que me sinta sozinho.

Seus desejos não conseguem suscitar meu nome, mas são
eles que me levam a um descaminho.

"Te espero"

dedicatória...

Enquanto os dias se passam e as tristezas brotam com a
noite, enquanto as flores murcham da sacada de teu
apartamento; mesmo assim te espero.

Durante o tempo em que bati à tua porta, durante o
tempo em que as ruas ardiam em felicidade e a dor fora
torturante; mesmo assim te espero.

Enquanto o silêncio era a tua nudez, enquanto a risada era
tua insensatez, mergulhados ambos na indecisão; mesmo
assim te espero.

Durante a jornada a um caminho sem fim, durante o
pensamento em que seus inúmeros nãos se tornaram
vestígios e o desânimo acossou; mesmo assim te espero.

“Te protejo”

dedicatória...

Minha missão não é de paz, minha missão não é de
guerra, minha missão é ser sagaz, minha missão é vê-la
bela, minha missão é superar cada noite tão singela.

Te procuro e vou atrás, te procuro por toda Terra, te
procuro em dó maior, te procuro na janela, te procuro na
canção, te procuro na cozinha, te procuro e vou buscar
nosso amor de outras eras.

Decidido em te olhar, decidido em protegê-la, decidido
em te tocar, decidido em convencê-la, decidido em te
afagar, decidido em não perdê-la, decidido em respirar teu
suspiro pela terra.

Medos não existem mais, um passado arremessado da
janela, mil ofensas agora dão lugar a um beijo sem
tormentas, mergulhado em tua paz, vou navegando e
protegendo-a de todas trevas.

"Um dia de solidão"

solidão...

A escuridão que bate à minha porta se tornou a apoteose
que desde cedo rondou de maneira perigosa, meu peito.

A multidão de outrora que se dizia minha amiga, foi
reduzida a pó, quebrando os pilares do que antes foi meu
único conceito.

A ingratidão pelos sorrisos lançados e pelos olhares de
aconselhamento, não mais valem de nada, nesta dúbia
batalha, o respeito é suspeito.

A solidão não é comparada a cicuta, mas também causa a
morte e estragos sem comparação, viver só não é alívio, é
a pena capital matando de forma acentuada, um livre
arbítrio que de certa maneira, se tornou afeito.

"Um entusiasta das multidões"

pensamento...

Se fosse me apresentar seria apenas mais um José, nada de
estrelismo ou contemplação, simplicidade e certo ar de
tolice, esta sim pode ser minha definição.

Não sou destaque em nada, minha beleza é rústica e
hostil, minha fala é mentira desvairada, meus sonhos
retrocessos de meus erros, meus amigos, incompletos e
vazios.

Se fosse para caminhar escolheria de comparsa o silêncio e
a solidão, a estes não posso fazer mal; aos ouvidos do
infinito, minha tresloucada fala não é um dia da estação.

Não sou o valente das histórias, sou o sarcasmo da
recordação, sou amigo da rima descompassada, sou o
hiato do poeta em sua profusão, sou o castigo da risada
inacabada, acho que sou apenas o fim da toda canção.

Se fosse para recordar meus olhos abertos seriam a mais
negra escuridão, se fosse para lamuriar, as lágrimas seriam
mares de perdição; agora se fosse para felicitar ou alegrar,
seria então o silêncio sepulcral enterrado no carvalho do
caixão.

Não sou mais capaz de me entusiasmar, a vida me
mostrou que isto é tempo perdido, buscar pela felicidade é
martírio, sonhar com dias melhores, castigo, mas acho
também que minha fala pode sim procurar por sonhar,
pois por mais sofrido que seja nossa jornada somos seres
feitos para vivermos em pares e isto cedo ou tarde se
torna verdade; então vamos felicitar a esperança e o amor,
mesmo que eles venham tardios.

"Vida triste feliz"

Não tenho a calmaria do singelo lago que reflete o brilho da lua; a brisa que sopra refrescando a pradaria não abranda minha fogueira das vaidades.

Tenho meus instintos assassinos, logo a única morte que consigo é de minha felicidade; não sou infeliz com o que tenho, sou infeliz por ser assim.

Não quero uma luta armada contra uma vida normal, os anjos anunciam um confronto inevitável; toda minha vitória é uma glória incapaz, chuvas sangrentas, pesadelos doídos.

Quero protrair meu desespero antes do nascer do sol, estou acostumado com a vida rompante, pedidos incessantes que atraem músicas para os amantes; sonhos delirantes demais.

CONTO II

"Agoniante"

A jude-me

G uarde-me

O uça-me

N ote-me

I mpeça-me

A mpare-me

N ivele-me

T olere-me

E spere-me

Lágrimas...socorra-me

"Assim vou vivendo"

V alentia exacerbada,

O usadia de descontentamento,

U nião que sempre trouxe falhas,

R elegado por meros anseios,

E mbasbacado pelo tom da tua graça,

S uscitando novos tormentos,

P rerrogando a mentira doentia,

I nspirando o céu com tua cantiga,

R ecuando ao fio da espada,

A lvejando um coração sem sonetos,

N avegando em águas nada claras,

D erramando inúmeras lágrimas,

O cultando um real sentimento.

"Cansado"

C onsenso passado,

A manhecer distorcido,

N áusea desenfreada,

S ocorro iludido,

A pelo impalpável,

D escanso incompreendido,

O rgulho enrustido.

"(In)feliz"

P obreza incrustada no coração;

R eceio de sofrer desilusão;

O nisciente, tolo por opção;

F uturo incerto, mera insatisfação;

U fano, mesmo sem visão;

N avalha na carne, incisão;

D ilúvio repetitivo, velha situação;

A lívio vexatório,singela inquietação;

T aciturno, nenhuma simples canção;

R espeito inato, nunca perdão;

I gnorante em certa ocasião;

S aciado na palavra paixão;

T alentoso, sequer causa exposição;

E scrúpulos atormentados, errada dedicação;

Z ombando sempre, costumeira degradação,

A lvoroço da alma, alucinação.

"Jornada"

C astigo divino; indisposição,

A lívio perdido; decepção,

M órbido destino; maldição,

I nstintos banidos; imposição,

N ecrose da alma; sem coração,

H erança manchada; vil ilusão,

O bscenos castigos; punição.

V ergonha insolente; deixaram,

A vareza imponente; buscaram,

Z ombaria latente; lembraram,

I guarias para mente; gostaram,

O ração valente; clamaram.

"Livre"

L amúrias,

I nexistentes,

B eleza,

E nvolvente,

R asuras,

D eficientes,

A grura,

D esprezada,

E xpoente.

"Melancolia"

M achucado?

E squecido!

L acerado?

A bolido!

N egligenciado?

C onvencido!

O cupado?

L astimado!

I lustrado?

A guerrido!

“Para você”

P rimeira lembrança,

A mo você,

R espeito e segurança,

A dmiro você,

B eleza em efusão,

E scuto você,

N avego em tua inspiração,

S ilencio em você.

M ilagre da alma,

E scravo de você,

U nião de duas almas.

A legria é você,

M eticulosa jornada,

O rgulho de ter você,

R esumindo: é para você.

“Precioso segredo”

P reciso de perdão, mas não de amigo;

R eceio tudo ter sido em vão, belo castigo;

E spero pra te dar a mão, sinto perigo;

C aminho pela contramão, busco um artigo;

I nsisto nesta direção; estou perdido contigo;

O vento muda a estação, quebrando o trigo;

S audades não aprecio, vem ficar comigo;

O uço apenas uma voz que vem do velho jazigo;

S ugiro uma distração, lindo rosto sorrindo;

E scondo de meu coração, mas estou partindo;

G aroa é meu choro e meu corpo vai caindo;

R ebato teu sentimento e assim continuo fugindo;

E stou sofrendo por amor, um dia acabo não resistindo;

D oi saber o quanto se ama, finjo estar dormindo,

O segredo é sabido, não escondo e vou sentindo.

"Um futuro que não vem"

I nsistência meramente casual,

N ovamente mais um erro fatal,

F ormidável para quem julga um fato,

E fêmero em seu primeiro ato,

L iberdade é algo que não contagia,

I ncapaz de exaltar a fantasia,

C eifando um pedido caridoso,

I ncitando um caminho enganoso,

D erramando sua falta de aconchego,

A plaudindo um mísero sossego,

D istraindo sentimentos e emoções,

E sperando mais razões aos corações.

CONTO III

"Amor"

"Amar é não pedir perdão."

"Beijo"

“Um beijo pode ser pedido, pode ser dado, pode ser o
mais gostoso que é o roubado, inesquecível ou saudoso,
mas todos com certeza nunca deixam de perder o seu
toque saboroso.”

"Boa companhia"

"Seja a dúvida sua companheira para enfim aventureira
elucidar os seus dilemas"

"Caminho"

"A estrada sempre tem sua distância agigantada, mas para àqueles que não se importam qual será a surpresa no final da ponte, o infinito é muito menos que o desconhecido."

"Desculpa de mentira"

"De nada vale um pedido de perdão se a desculpa de teu
erro veio de um mortal tropeço e também é esfarrapada e
abarrotada de explicação."

"Dor verdadeira"

"Por mais sangrento que seja um não, prefiro saber que foi verdadeiro e que veio da alma esta negação."

"Erros..."

"As dores lancinantes ensinam à gente quão insignificante somos perante nossos erros intolerantes."

"Escrever é"

"A arte de escrever poemas e poesias nada mais é do que manipular bem as palavras e fazer aquela palavra escondida se tornar bela e digna de alegria."

“Escuridão”

"Aos céus não exclamo dedicação, à terra queria ver um
pouco mais do que a incansável decepção, aos olhos de
quem amo quero ser a luz de toda escuridão."

"Esperança"

"Enquanto a lua iluminar a pradaria sei que posso sonhar, que o vento da noite e a dança que ele proporciona às flores é eterno e nada pode apagar a chama de minha ideologia."

"Espere"

"Nunca satisfaça todos os seus anseios, pois assim a
esperança você pode cultivar."

"Fortalecimento"

"As decepções não podem se tornar águas passadas, elas
tem que se tornar fortalecimento para nossas decisões."

"Livre de coração"

"Escravo de meus pensamentos, mas livre de coração,
trancafiado em meus devaneios e cego para a decepção,
novato para o amor verdadeiro e ousado para prender-se
em uma paixão."

"Minha bebida"

"Minha bebida não é o néctar dos deuses, é apenas o que
me consome... o teu amor."

"Minutos desperdiçados"

"Um dia a mais em nossas vidas não podemos
desperdiçar, um minuto não devemos esperar, digo que
devemos viver a vida devagar, pois o tempo... é apenas
passageiro."

"Miserável promessa"

"De nada vale uma promessa fervorosa se com os dias o amor se vai embora e a entrega vislumbrada dá lugar à apenas palavras vazias que se perdem como folhas secas ao chão."

"Momento de raiva"

"Não tenho raiva da disparidade humana e sim da completa e desgraçada hipocrisia, que infelizmente hoje em dia é o que nos guia."

"Nossas falhas"

"Somos errantes distante dos olhos e ausentes quando falamos do coração."

"O presente"

"Deus nos dá de presente cartas marcadas, entretanto sua sequência podemos inverter."

"Para depois"

"Sonhar é adiar teu desejo para amanhã, portanto não viva
apenas de sonhos, realize."

"Perdão"

"Se pedir perdão fosse uma virtude, errar então seria um estúpido costume."

"Sem respostas"

"A vida não é um livro de perguntas e respostas, a vida é aguardar e a cada instante se envolver em seus mistérios."

"Sem valor"

"Tudo tem seu preço e tudo tem o seu valor, mas nada é
comparável ao teu beijo e ao teu corpo quando me
acaricia e entrega todo seu sabor."

“Simplicidade”

"Não quero paz, nem aconchego, quero simplesmente
encher o coração de amor e seus conseqüentes atropelos."

"Só a verdade...simples assim"

"Não se constrói um relacionamento baseado em esquecimentos voluntários e tampouco em esquecimentos evasivos, da vida não devemos cobrar nada, porém a verdade deve sempre vir a frente de nossa honraria."

"Sonhar"

"Às vezes nossos sonhos não são palpáveis, mas de
maneira igual, continuam desafiadores."

"Sua terra"

"Não seja uma árvore com as raízes expostas e pouco profundas, crie vínculos com aquela que te alimenta e que te deixa de pé, a ingratidão é a letargia da alma, pense e depois agradeça."

"Um erro tardio"

"Quando tardiamente se vêm o perdão é por que ambas
as almas se esqueceram de como era bela a última e eterna
canção."

"Um pouco mais"

"Quero parar de me achar apenas um conteúdo vazio e assim me iludir que posso ser mais do que um simples contexto."

"Vergonha"

"A pior degradação é aquela quando homens poderosos
se curvam ante interesses mesquinhos."

"Vida"

"A gente acha que conhece a vida, mas é a vida que
conhece todos os nossos caminhos."

"Vivendo a vida"

"A vida é ilusória, transitória, passageira e muitas vezes sem sentido, portanto o melhor é apenas vivê-la."

“Você”

"A alma suspira enquanto a mente silencia."

CONTO IV

"A chuva que cai..."

felicidade...

...levou embora meu passado,
trouxe de volta uma alegria.

...regou de esperança o que era vago,
o fim ora claro foi embora de vez.

...brotou em meu peito um renascer,
encheu de desejos meu entardecer.

...refrescou meus dias de descompasso,
fazendo meus passos a cada dia crescer.

...acalmou os tropeços de meu coração,
escondendo os erros da última estação.

...esperou o dia ir embora sereno,
entregando à noite um beijo ameno.

...limpou as lentes de meus óculos baratos,
fazendo enxergar algo próximo,algo assim que não posso
perder.

"Aproveite seus dias"

recordação...

Devagar se passam os anos e veloz vai-se o tempo.

Os dias de outrora insuficientes, dão agora lugar a apenas
dias.

Corre-corre corriqueiro, pega-pega sem parar, já hoje
meus passos são pequenos.

Um pedaço de bolo caseiro, a teimosia a enfrentar, são
lembranças de lá atrás.

O riacho que brincava e os frutos das árvores que achei;
hoje acho que esta herança não deixei.

A fogueira abre a noite, a bebida a esquentar, as estórias
sem ofensas, uma noite que não pode terminar.

Desprovido de malícias, sem orgulho e sem rodeios,
apenas crianças felizes recitando suas alegrias.

O respeito nutre a alma, a escola da vida também pode
ensinar; tudo é fácil aprender, quando não se quer brigar.

Os dias vieram e virão, cabe a cada um aproveitá-lo como
quiser, não sendo maior, ou sendo incapaz de entender
um desejo; apenas deixe o dia te encantar, o resto é fácil
de encarar.

"'Arrependimento"

tristeza...

Foram inúmeros erros, grosseiros, letais e arteiros, só que
o tempo esperou sorrateiro e hoje se mostrou implacável,
nunca um arrependimento fora tão hesitantemente
profundo.

Eu que sempre me achei muito esperto, veloz e austero,
cai na mais barata armadilha, um emaranhado de
acontecimentos, percebi então meu dom...auspicioso
idiota.

Uma celebração solene, uma pausa da natureza, os olhos
do mundo voltados para esta data, todos celebrando
alegremente, e eu estupidamente o intruso muito
indecente.

As magoas que deixei, os choros que causei, os anos
contribuíram para o esquecimento e hoje recebi todo este
peso...meu primeiro acerto de contas.

A alma que nunca foi crente hoje sofre mais que meu
inabalável orgulho, a dor de minha estupidez não
consegue arrancar sequer lágrimas do coração.

Um sentimento amargo, um veneno que mata aos poucos,
os sentimentos vão se apagando, e o veneno te
consumindo; o brilho da lua...sem valor.

"Casa de..."

pensamentos...

Na casa de Francisco
carne boa não se via.

Na casa de Maria
ingratidão não se pedia.

Na casa de Tomé
a solução não se escrevia.

Na casa de Ramon
a opção era utopia.

Na casa de Laís
gargalhada e alegria.

Na casa de Valdir
decoração ele escondia.

Na casa de Beltrão
erudição tem companhia.

Na casa de você
liberdade não é covardia.

"Como amar"

amor...

Seu corpo em harmonia com meus desejos...

Seus suspiros ao ouvido...

O seu corpo junto ao meu...

As palavras caem ao vento...

Os seus olhos fitam os meus...

A entrega é perfeita, não existe mal ou Deus.

"Conflitos de um coração"

amor...

A lágrima solitária que cai do meu rosto não mostra ao
certo o que meu coração sentiu...

Meus medos, meus desejos, meus receios, minha forma de
amar não completa um coração; compartilho um
sofrimento sem saber o que esperar...

A última noite que olhei você senti em seu suspiro que
algo me encantava; fui embora sôfrego, conflitante com
meu Deus e distante me perdi em mentiras assassinas...

A brisa da manhã trouxe a mim uma canção, repleta de
verdades enganosas, mentiras verdadeiras, destas que a
gente gosta de ouvir...

Seu corpo em harmonia com meus desejos, seus suspiros
ao ouvido, o seu corpo junto ao meu, as palavras caem ao
vento, os seus olhos fitam os meus, a entrega é perfeita
não existe mal ou Deus...

Da vida não pedi o que sonhei, mergulhei em meus
desejos inarráveis, com meu rosto afogueado esperei o
tempo me apanhar...

Um coração conflitante às vezes pede espaço, licença, um
choro, uma lágrima, um perdão, respirar; ver-te então...

"Contratempos do amor"

amor...

A lágrima acompanha a chuva que teima em cair em
descompasso, ela é gélida e fria quando atinge a alma, ela é
ávida quando expõe sua tristeza e feroz quando perde sua
riqueza.

O sorriso é semelhante ao teu pedido agonizante, um
veneno saboroso que paralisa as razões, um caminho
tortuoso por onde se busca a saída, mas se perde no
resgate da nobreza.

A cantiga lembra o ontem, os anseios ao horizonte, os
percalços da rotina e a lacuna de um só nome, a ida sem
resposta e a espera de uma fala, e os olhares da estranheza;

O receio da trovoada não remete ao que se esconde, não é
culpa da mesmice; o alarde sem pretextos é a sinceridade
que consome, só assim notei a ausência, esqueci foi da
destreza.

“Dedicatória”

dedicatória...

Sou um cara qualquer sem atrativos ou atributos, apenas
me diferencio, pois certa vez já fora tocado pelo mal do
amor.

Quando me cansei de chafurdar os lixos e de me prostrar
ao chão, tua mão me mostrou que a vida não é somente
senão.

Meus medos eram pequenos se comparados à tuas
cicatrizes, minha alegria era diminuta se comparada ao teu
sorriso, nada é igual, apenas ilusivo.

Tua vida é como meus erros, tua esperança era meu
desespero, nossos caminhos enfim se cruzaram, só não sei
se no momento errado ou no perfeito.

Hoje já não tropeço mais em minhas palavras, graças a
você, hoje já não anseio pelas mais diversas batalhas, pelo
que é você.

Essa é para você que me aceitou apenas homem, não
pediu meu nome, sequer meus incontáveis sobrenomes.

“Desalinhos do amor”

amor...

O amor verdadeiro não é simples e barato, é tal qual um
animal que nunca pode ser domesticado.

O amor é um lampejo, o melhor fruto da estação, de
mansinho traz o vento, subitamente torna o inculto
inspirado.

O amor é sublime diversão, é rota para o paraíso, mas
também traz muita decepção, trocadilhos para muita
emoção.

O amor não traz sufoco, não traz medo e tampouco
desilusão, é alimento para a alma, é muito nobre sua
canção.

O amor é um desassossego, é soberba sua inspiração,
quem ama tem apego, quem não tem, nunca
experimentou desta magia.

O amor é conta-gotas, não transborda teu coração, é
dosagem na medida, não se acha na esquina, é tudo o que
contagia.

O amor não tem idade, não tem preço e não é produto de
exposição, quem achou é pedra rara, não mais se verá
perdido.

O amor é tudo do que já foi falado, poesias muitas, amor pueril, frases sem hipocrisia, muito mais que mero pedido.

"Desejos por detrás da porta"

amor...

Anseio tal qual um lobo faminto para saber de seus
segredos, não importa se queres a terra ou o mar, seu
desejo eu vou conquistar.

A porta sempre andou fechada, mas seus passos podiam
ser ouvidos à distância, o perfume e a sua risada
inebriantes teciam o caminho que as estrelas deviam
iluminar.

A briga agora é contra minha timidez, sei tudo o que você
faz e também o que já fez, não sou estúpido em me
declarar, mas o tempo vai caminhando a longos passos
mais uma vez.

O martírio é passageiro, mas seu amor não é veraneio, sou
capaz de mudar minha vida, preciso além de seu abraço,
também dos lábios teus.

Ouço histórias e canções de amor, verdades e
decepções,nada que me abale,sou poeta graças a meu
coração, às vezes sofro calado, noutras choro sem
convicção.

A verdade é que fui fiel nesta batalha, nunca lutei
procurando outra paixão, corri muitas vezes
embasbacado, era esperado teu aceno para assim viver
com razão; abrir a porta não foi nada, agora quero teu
coração.

"Enfim um pouco de paz"

paz...

Hoje tive paz, meu transtorno desapareceu e não foi
delírio, acho até que Deus ouviu meu suplício, meu mais
profundo desejo; o silêncio é a benção de minha paz
esquecida.

Posso dormir e não ter hora para acordar, nem mesmo o
sol poderá impedir, será um dia para se fazer histórico, os
minutos e as horas não podem me alcançar.

Hoje o único fragor é o de minha tranqüila respiração, o
alívio de meu coração; as portas não serão abertas e o
choro não virá me incomodar, uma batalha vencida.

Posso planejar meus passos sem tropeçar na estúpida
repetição, a casa está repleta de calmaria, achei até que isto
nunca mais existiria e tudo que fora meu simples pedido,
pude encontrar.

Hoje a vida me deu seu sorriso, um estilo incomum,
mostrando o dia não ser comum, vícios e caras fechadas
não mais fazem parte de minha jornada; obrigado nova
vida.

“Ilusão”

pensamento...

O homem solitário tomou seu caminho repleto de
mentiras enterradas sanadas, deixou para trás somente o
martírio.

Não era novo, também não usava bengala, era maduro o
menino, se quando rapaz tagarelava, com os dias em seu
encalço, aprendeu a falar apenas com os ouvidos.

Livre enfim na jornada, a encruzilhada mostrou-se um
alívio; um bom dia à estrada.

O homem solitário, por Deus encontrara descanso, paz,
um ofício, ganhou de presente uma vida regrada; sua
história lhe trai, mostrando que a paz de outrora, não
passa de um mero fechar de olhos, içando a tona um
homem mimado, cheio de fracassos tentados, vividos.

Livre sem poder se mostrar, escasso é o ar que respiro;
preciso apenas de paz.

“Meu pássaro”

dedicatória...

O meu pássaro não é uma águia e também não é um falcão, não é uma ave de rapina tampouco a fênix da canção.

O meu pássaro é erudito, não diz nada sem razão, é tão belo e emotivo que supera qualquer coração.

O meu pássaro é ave rara, não quer poleiro, gaiola e nem um tipo de prisão, voa longe e volta sempre para casa, é o presente da estação.

O meu pássaro hipnotiza, com seu canto alegra o mais duro coração, cura todas as mazelas, seca a lágrima sem razão, é manhoso e não tem pressa, é somente inspiração.

O meu pássaro não tem rosto e não tem nome, não sabe mentir e nunca há de desistir, é feroz e companheiro, cuida com juízo de sua plantação.

O meu pássaro veio de longe solitário, era triste que dava dó, alegrou-se com o carinho, recuperou as forças de mansinho, é contagiante sua disposição.

O meu pássaro é viajado, já viu dor e muito sangue, já se viu em muitas batalhas, já venceu até a morte, sem saber se tinha sorte, continuou sua canção.

"Minha pequenez"

amor...

Não me sinto tão imponente quanto aquela árvore
centenária, mas sei que tenho a firmeza de suas raízes.

Não sou insano de pensar que posso enfrentar as ondas
do mar, mas sei que em um canto quietinho, as suas águas
podem vir me molhar.

Não arrisco escalar as mais altas montanhas e seu vento
cortante, mas sei que sentado eu posso espiar as nuvens
escondendo aquele pedaço de terra estonteante.

Não pretendo enfrentar um amor de braços vazios, deixar
flores caídas do lado de fora, mas quero sim te dar um
mundo perfeito, o tiro certeiro e fazer transbordar de
amor o seu coração, deixando de fora qualquer mínimo
defeito.

"Minha perdição perdura"

loucura...

A desgraça de uma vida poética é ter seus atos enxergados
de forma vil e barata, onde os aplausos não valem nada.

O convite para o belo banquete, a cobiça veemente, a
ausência que se sente é a loucura proseando calmamente.

Os talheres prateados estão espalhados pela grandiosa
mesa e seus convidados são aqueles que refletem sua
imagem na prataria cara.

Olhe ao redor e veja uma vida fadada aos anseios dos
idiotas, semelhante à velha anedota que só faz rir os
inocentes.

A ironia do desperdício de palavras sensatas é como a bela
flor pisoteada, aviltada e depositada de forma sutil naquela
alma lavada.

Os ladrilhos já não estão sob meus pés, a caminhada na
qual te falava deixou há tempos de ter sentido,nada mais
afeta meus anseios.

As vozes que ressoavam em meus ouvidos conseguiram
acalmar meu ímpeto incontrolável, foi como tempestade
que dissipa em um piscar de olhos; neste instante a
calmaria é minha glória.

"Não te deixarei"

dedicatória...

Sou um cara qualquer sem atrativos ou atributos, apenas
me diferencio, pois certa vez já fora tocado pelo mal do
amor.

Quando me cansei de chafurdar os lixos e de me prostrar
ao chão, tua mão me mostrou que a vida não é somente
senão.

Meus medos eram pequenos se comparados à tuas
cicatrizes, minha alegria era diminuta se comparada ao teu
sorriso, nada é igual, apenas ilusivo.

Tua vida é como meus erros, tua esperança era meu
desespero, nossos caminhos enfim se cruzaram, só não sei
se no momento errado ou no perfeito.

Hoje já não tropeço mais em minhas palavras, graças a
você, hoje já não anseio pelas mais diversas batalhas, pelo
que é você.

Essa é para você que me aceitou apenas homem, não
pediu meu nome, sequer meus incontáveis sobrenomes.

“O doce torpor do absinto”

surrealista...

Simples imaculado, vicio inacabado, sorriso tímido olhos
avermelhados, teu nome não é um insulto, apenas algo
que não se pode ler.

Vertigens em forma de canção, momentos inesquecíveis,
amigos eu sei que não, seu abraço é um alivio,
infelizmente não vivo atrelado a esta estúpida ilusão.

Simples caminho coberto de escuridão, aliás, é um belo
abrigo, só a morte é fiel companheira, toda vida é
aventureira; apesar de tudo, sua propriedade não se pode
ter.

Vertigens nas cicatrizes alheias a nas almas que pediram
socorro, estado pútrido daquela vida carente, brincadeira
inocente que nunca sai da mente, trazendo pura inação.

"O meu jardim está repleto de flores...mortas"

desilusão...

Alvitrei sobre tua escolha e também sobre as folhas que
você pisava, os espinhos em que seus pés fincavam, a dor
que sua alma dizia.

Busquei amenizar a chuva que caía pesada sobre seu
corpo cansado, enxugar o suor manchado de sangue, o
suplício silenciado, morte que não tem nome.

Conquistei um pequeno pedaço de grama, plantei as flores
e as joguei em cima da cama, logo tuas flores murcharam,
insculpi as lembranças tarde demais.

Desisti de ouvir tuas preces, tolice foi acreditar em
palavras vãs, sorrisos que não diziam nada, lágrimas que
não caiam, rixentos se tornaram nossos dias.

Esperei inquieto seu despejo de palavras inapropriadas,
sua fúria comigo por nada, finito momento de paz,
padecendo de modo consciente, ouvindo injúrias reais,
tolerantes trejeitos.

Felicitei quando a casa dos sonhos terminei de pintar, as
cores não agradaram seus anseios, tristeza achei que era
pedir demais; além disso, quero sossego.

"O que esperar"

pensamento...

Estou cansado de perder as horas, noites em claro, sonhos
de ilusão; os minutos despejam sobre mim o seu tempo
petrificado, congelando o momento, mostrando um
espaço incapaz, sem fim.

Estou feliz por enfim ter evitado um conflito infeliz, dono
de mim tenho controle do tempo e o que falo, resgatando
de forma polida, o brilho outrora ofuscado, manchado,
perdido.

Mandei um recado impensado, uma briga contida,
diferente do que falo, onde recito murmúrios, apreço e
homenagem; um dia querido.

Mandei alguém à porta fechada, batia em vão e não ria; o
silêncio enfim imperava, de forma sabia assim sorrindo.

Estou a um passo de conhecer meus domínios, deixar de
lado falsos amigos, dar risada da ironia barata, respeitar o
errado, ensinar se for preciso de mansinho uma vida
pacata.

Estou prestes a cometer uma matança de tudo o que é
falso ingrato e altivo, impropérios descalços, uma carta
vazia, a lembrança deixada, a velhice no asilo; dias sem
nada.

"Outra noite sombria"

tristeza...

O meu dia fora carregado apenas de perfeição, para onde
caminhava, tudo me sorria, um minuto exacerbado...não
me atingia.

Os beijos e abraços, soberba magia, demoras e atrasos,
isto não existia, a fera estava amansada, nada mais, muita
alegria.

Os desejos, os pedidos, mera esperança em vão, a noite se
aproximava, o tempo não parava e o minuto corria.

O dia disse até logo, deixando a paz para o próximo dia,
todo sonho se tornou incerto, aguardava pela covardia.

Os fantasmas me apunhalavam, a sede de vingança, isto
sim existia, queria uma noite silenciosa; meu pecado
enfim...não permitia.

“Palavras desperdiçadas”

amor...

Aspirei um dia poder dizer eu te amo, sinto tua falta,
quero você.

Segurei sua mão com afeto, carinho; solucei com
desconfiança, olhei seus olhos com esperança.

Vivia nosso amor com alegria, uma imensa magia,
espelhada na fé de nosso último dia.

O que te mostrei nunca esqueci, o que falei e ensinei foi
com intensa paixão, queria sempre acalentar com um beijo
seu coração.

As brigas se tornaram companhia, um labirinto de desejos
inesperados era nosso parceiro, sem receio dos
sentimentos tornamo-nos guerreiros em busca de nosso
pensamento egoísta.

Os sonhos eu perdi, aos meus pés não tinha o chão, em
meu peito batia algo, só não posso dizer que era um
coração.

Em meu desperdício de palavras, sinto falta, tristeza, uma
frase cortada ao meio, o tempo disse adeus e não tem
volta, me vi repleto de anseios; se ao menos conseguisse
apenas um dia de volta, tomaria coragem, mataria o anseio
e diria: EU TE AMO!

"Palavras faladas"

dedicatória...

Tenho orgulho por escrever palavras belas e conflitantes,
alegro a alma, mas deixo em prantos a velha foto da
estante.

Sou verdadeiro, não traiçoeiro, se sou algoz, já fui pior,
não me arrependo de nenhum sangue derramado, apenas
do que deixei ao vento.

Tenho certeza que possuo um amor radiante, só não
consigo iluminar seus anseios, sei de meu pecado inocente
e também da dor que continua latente.

Sou sábio enquanto permito ao lápis tatear minhas mãos e
extremamente indecente quando deixo as palavras
bradarem matando a canção.

Tenho receio de dizer o quanto te amo, mas não faço
rodeios para ferir mortalmente teu coração; sou um anjo
caído sofrendo de maneira dançante, ser maldito sem
solução.

Sou apenas envolvente, um homem carente, repleto de
dor e de paixão, procuro de maneira inocente trazer o céu
até tuas mãos; minha jornada é espinhosa, como toda
declaração: TE AMO.

"Quando estendo minhas mãos"

esperança...

...as estrelas não consigo alcançar, as promessas não
consigo perdoar, as alegrias não consigo me lembrar, as
angústias; é possível encontrar.

...e escuto o trovejar de um coração partido, e transpiro
dedilhando um mero alívio, e alcanço um desejo iludido;
sei que a isto, é inútil perdoar.

...os fantasmas retornam a mente, os sonhos se tornam
dementes, os transtornos inconseqüentes, os pecados
inocentes, os pedidos de socorro, ausentes; e assim vou
me tornar.

...as cobranças são lembranças, as histórias, heresia, as
andanças, contratempos, as tempestades, tuas lágrimas, as
reflexões, incontáveis ilusões; desta feita, vou sonhar.

...e percebo a morte da paixão, e o silêncio da canção, e o
passar dos dias se arrastando, e o sol e a lua se
estranhando; sei que a nada disto um dia fui buscar.

"Se chorar perdão; foi erro meu"

amor...

Nesta noite escrevi pouco mais que um verso, um até mais
não sei ao certo.
Nesta noite percebi que algo te faltava, um carinho, um
afago, um beijo, um sorriso.
Nesta noite ouvi que a chuva te acalmava, não quis mais,
segui pensando, sozinho.

Quando o abraço que te dei, deixou mágoas no caminho,
recitei algo, não sei.
Quando disse não queria, vi seus olhos marejar, dia fácil
não existia.
Quando a porta se fechou, desabou o sentimento, a
loucura disse sim, peço menos sofrimento.

O desabrochar daquela rosa, disse mais que o coração, seu
perfume, seu aroma, a minha alma vai tocar.
A distância é a soma do amor e solidão, certo de que isto
inflama, quando um beijo é a razão.
Vago é o meu pedido, estranha é a obsessão, se chorar
traz o juízo, um perdão não tem razão.

"Sem inspiração"

pensamento...

A tela está em branco

O quadro não desenhei

A folha não tem esboço

Aquarela não misturei

O vaso não sai do forno

A escultura eu a quebrei

A arte requer esforço

O artista que sou ignorei

A inspiração ateei fogo

A cantinela não recitei.

"Suaves momentos"

recordação...

Muitos momentos são para sempre, também incompletos, intransigentes, momentos para não se gastar, momentos imponentes.

Poucos momentos são para ficar lá atrás, momentos de descontentamento, lembranças enfim apagadas, momentos livres de tormentos.

Muitos momentos são únicos, inesgotáveis, momentos insanos contrastando com os puritanos, momentos de alívio, parodiando assuntos profanos.

Poucos momentos ultrapassam o respeito, enfrentam a insanidade, estragam um mar repleto de anseios, momentos pequenos se afogam em lágrimas, perdem a oportunidade de se tornar um único conceito.

"Sussurros ensurdecedores"

amor...

Amar alguém não é um sacrifício desumano, é uma dádiva
que sempre está engatinhando.

Chorar por alguém não é convincente, esperar sempre a
mesma resposta é vício insignificante.

Amar mesmo alguém é viver a cada respiração, não
esperar sofrimento, vida sem perturbação.

Chorar enquanto suspira é ler a carta manchada pelas
lágrimas da última discussão tardia.

Amar o sol que não vem, pode erroneamente culpar a
noite por faltar sedução.

Chorar pela falta de romantismo é esquecer a poesia
declamada, não temendo o trovão.

Amar a eloqüência de um sorriso é fácil para o coração, é
bom; contagia.

Chorar e se perder é trair a promessa de duas almas,
influência vazia então.

"Tempo de problemas"

amor...

A acidez de tuas palavras é a paz de minha morada, teu
elogio não me satisfaz; sofrer demais não é apogeu...

O problema maior é não notar o teu, esperar um dia
melhor pode ser como regar uma flor de madeira; não
queria enxergar, mas tudo se escondeu...

A atenção outrora tão bem falada é o que mais se perdeu,
ironia é andar e errar de boca fechada; aliás, isto você não
crê, muito menos eu...

O pedaço de amor que ainda exala é o ultimo trocado
esquecido no bolso da calça e trancafiados estão meus
pesares; teus passos sumiram na beira na praia, todo
esquecimento parece ser apenas meu...

A solução não é encontrada na esquina, a fantasia do amor
falhou, o desdém é a ordem do dia, tuas idéias não mais
contagiam, desprenderam-se da carne; infelizmente sinto
que algo além também morreu...

O pedido para uma singela melhora não pode ser apenas
meu, concordo que a vida é uma velha anedota, também
que o destino é ardil e ateu; ninguém tem certeza de nada,
respeito apenas a vontade de Deus.

"Teu espelho"

loucura...

Tua imagem no espelho murmura algumas palavras de
dor, outras de castigo.

Tua felicidade é o expoente, encarando seus fantasmas de
frente, fôlego ausente.

Tua preocupação deu com a cara na porta, esgotando um
sonho calhorda.

Tua espada deixou de cortar, os emaranhados da vida, hei
de complicar.

Tua oração ao pecado criou um lago de constrangimento,
vazio de vida.

Tua reserva de bom senso,amargou,apodreceu, teu
respeito soluçou, depois morreu.

Tua falta de alegria refletiu a cara zangada; espelho de tua
alma...

"Trabalho árduo é aprender a amar"

amor...

Ensaio por diversas vezes tecer um simples comentário,
enfrentar as intempéries somente para dar ao coração o
seu alimento de preferência...o amor.

Distraio com certa freqüência, esbarro em muita
insolência, mas nada é páreo para a insistência de
querer...o amor.

Feitio ingrato e de natureza mórbida, sorriso inóspito e
ausência obvia, tormenta viciante para algo de extrema
valia...o amor.

Tardio desastre incapaz de conter um lampejo, mas somos
fãs do fracasso que teima em nos brindar quando somos
ludibriados pelos sentimentos; e o amor...bom, a este
vamos sofrendo.

"Triste fim"

tristeza...

Te ganhei entre as mais belas mulheres, domei tua
impulsividade, brindei a benção que foi tocar enfim, teu
coração;

Te sonhei durante minha infância, te idealizei muito mais
que minhas lembranças, sabia que de você não ganharia
decepção;

Te busquei no mais distante que minhas mãos podiam
tocar, te admirei enquanto os corpos buscavam muito
mais do que apenas transpirar e nada era capaz de calar a
canção,

Te perdi e não sei o porquê, te chamei incapaz de ceder,
sofri mais quando junto de ti foi minha inspiração, não sei
mais até onde posso ir se perdi minha razão

Fica o agradecimento a Deus e ao universo que me proporcionaram a ímpar oportunidade de criar esta obra.